sekolah - sukuu	2
berjalan - akwantuo	5
pengangkutan - ɛhyɛn	8
bandar - kuropɔn	10
landskap - asaase	14
restoran - adidibea	17
pasar raya - dwakɛseɛmu	20
minuman - nsa	22
makanan - aduane	23
ladang - afuo	27
rumah - efie	31
ruang tamu - ɛdan a wɔtena mu	33
dapur - gyaade	35
bilik air - adwareɛ	38
bilik kanak-kanak - abɔfra dan mu	42
pakaian - ataadeɛ	44
pejabat - ɔfise	49
ekonomi - sikasem	51
pekerjaan - nnwuma ahodoɔ	53
alat - akadeɛ	56
alat muzik - mfidie a wɔde bɔ nnwom	57
zoo - mmoakurabea	59
sukan - agokansie	62
aktiviti - dwumadie ahodoɔ	63
keluarga - abusua	67
badan - nipadua	68
hospital - asopiti	72
kecemasan - putupru	76
bumi - Ewiase	77
jam - mmerɛ kyerɛfoɔ	79
minggu - nnawɔtwe	80
tahun - afe	81
bentuk - bɔbea	83
warna - ahosuo	84
berlawanan - abirabɔ	85
nombor - nɔma	88
bahasa-bahasa - kasa ahodoɔ	90
siapa / apa / bagaimana - hwan/aden/ sɛn	91
di mana - hefa	92

Impressum
Verlag: BABADADA GmbH, Nedderfeld 112 , 22529 Hamburg
Geschäftsführer / Verlagsleitung: Harald Hof
Druck: Books on Demand GmbH, In de Tarpen 42, 22848 Norderstedt

Imprint
Publisher: BABADADA GmbH, Nedderfeld 112 , 22529 Hamburg, Germany
Managing Director / Publishing direction: Harald Hof
Print: Books on Demand GmbH, In de Tarpen 42, 22848 Norderstedt

sekolah
sukuu

- bahagi kyɛmu
- papan bɔɔdo
- bilik darjah adesua dan mu
- laman/taman sekolah sukuu asaase
- guru ɔkyerɛkyerɛni
- kertas krataa
- tulis twerɛ
- pen twerɛdua
- meja pono
- pembaris susudua
- buku nwoma
- murid sukuuni

186/2

beg galas
baage

kotak pensel
adeɛ wɔde twerɛdua hyɛ mu

pensel
twerɛdua

pengasah pensel
adea wɔde sensene twerɛdua ano

pemadam
rɔba

kertas lukisan
drɔɔwin nkrataa

melukis
drɔɔwin

berus lukis
adeɛ a wɔde bɔ akaadoo mu

kotak warna
akaadoo adaka

gunting
apasoɔ

gam
aduro a wɔde sɔ nnooma bɔ mu

buku latihan
krataa wɔyɛ dwumadie wɔ mu

kerja rumah
efie adwuma

nombor
nɔma

tambah
ka bom

tolak
te frim

darab
fabaho

kira
bo ho nkonta

huruf
atwerɛdeɛ

abjad
atwerɛdeɛ

kata
asɛm

sekolah - sukuu

teks
atwerɛ

baca
kan

kapur
chalk

pelajaran
adesua

daftar
krataa a din ahodoɔ wɔ mu

peperiksaan
nsɔhwɛ

sijil
nimdeɛ krataa

uniform sekolah
sukuu ataadeɛ

pendidikan
adesua

ensiklopedia
encyclopedia

universiti
suapon kɛseɛ

mikroskop
afidie a wɔde hwɛ adeɛ
aniwa ntumi nhunu

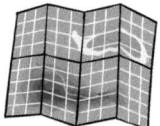
peta
asaase mfonin a ɛwɔ krataa so

bakul sampah
kɛntɛn a wɔde krataa na ayɛ
a wɔde nwura gu mu

sekolah - sukuu

berjalan
akwantuo

hotel
ahomegyebea

asrama
atenaeɛ

pejabat tukaran mata wang
baabi aa yɛsesa

beg pakaian
baage a wɔde nnooma gu mu

kereta
kaa

bahasa
kasa

ya / tidak
aane / daabi

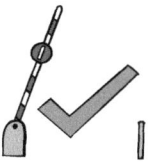

okey
Yoo

helo
hɛlo

penterjemah
deɛ wɔkyerɛkyerɛ kasa ase

Terima kasih
Medaase

berapa banyak...?

... ɛyɛ sɛn?

saya tidak faham

Menteaseɛ

masalah

ɔhaw

Selamat petang!

Maadwo!

Selamat Pagi!

Maakye!

Selamat Malam!

Da yie!

selamat tinggal

nante yie

arah

akwankyerɛ

bagasi

nnooma a wɔde tu kwan

beg

kotokuo

beg galas

baage a yɛde bɔ yakyi

tetamu

ɔhɔhoɔ

bilik tidur

danmu

beg tidur

bag a yɛda mu

khemah

ntomadan

berjalan - akwantuo

maklumat pelancong
adesrafoɔ nsɛm

pantai
po ano

kad kredit
krɛdit kaade

sarapan
anopa aduane

makan tengah hari
awia aduane

makan malam
anwumerɛ aduane

tiket
tikiti

lif
pagya

setem
agyinahyɛdeɛ

sempadan
ɛhyeɛ

kastam
adwumayɛfoɔ a wɔgyina
aman mmienu hyeɛ so

kedutaan
ɔman bi asoeɛ

visa
akwantuo krataa

pasport
akwantuo krataa

berjalan - akwantuo

pengangkutan
ɛhyɛn

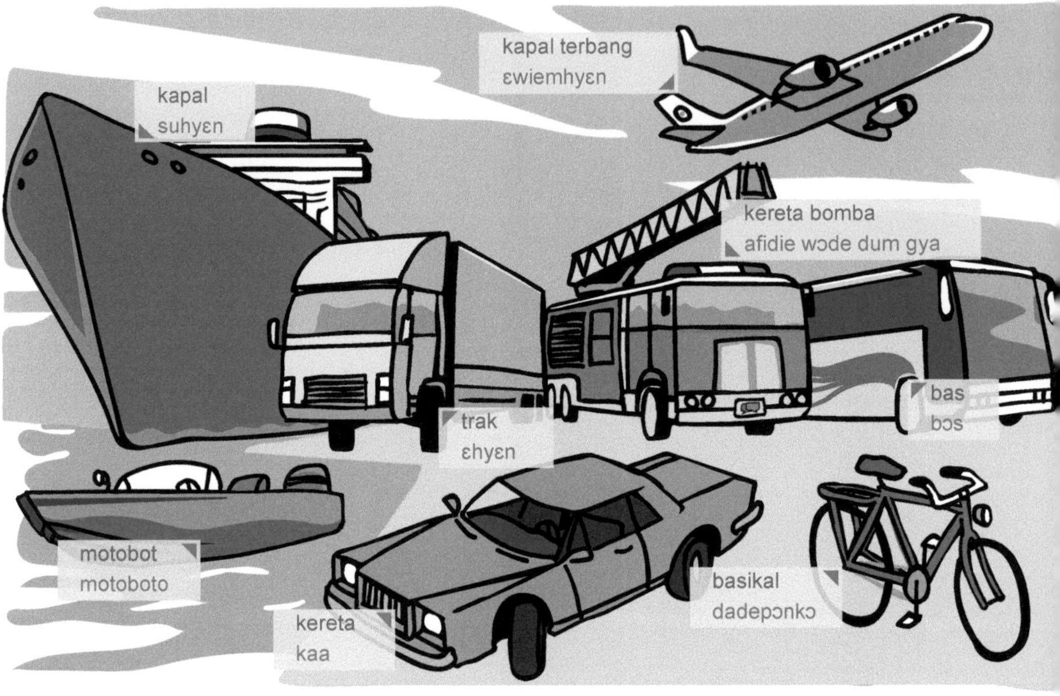

kapal terbang
ɛwiemhyɛn

kapal
suhyɛn

kereta bomba
afidie wɔde dum gya

bas
bɔs

trak
ɛhyɛn

motobot
motoboto

basikal
dadepɔnkɔ

kereta
kaa

feri
subonto

bot
suhyɛn

motosikal
dadepɔnkɔ

kereta polis
apolisifoɔ kaa

kereta lumba
kaa a wɔde si akan

kereta sewa
hyɛn aa yɛ hain

berkongsi kereta

kaa a wɔde ma obi de di dwuma

trak tunda

kaa a wɔde twe ɛhyɛn a asɛe

trak menolak

bɔɔla kaa

motor

moto

bahan api

ngo

stesen minyak

beaɛ a wɔtɔn pɛtro

tanda trafik

trafik ahyɛnsodeɛ

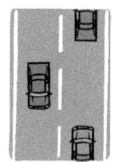

trafik

trafik

kesesakan lalu lintas

ɛhyɛn ntumi nkɔ ntɛm

tempat parkir

kaa gyinabea

stesen kereta api

keteke steshin

trek

ketekye kwan

kereta api

ketekye

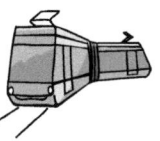

trem

ketekye

gerabak

afidie a wɔtena mu wɔ wiem tu kwan

pengangkutan - ɛhyɛn

helikopter

ewiemhyɛn

lapangan terbang

dadeɛanoma gyinabea

Menara

dan tentene

penumpang

obi a wɔforo hyɛn

bekas

adaka

kadbod

adaka

kart

teaseɛnam

bakul

kɛntɛn

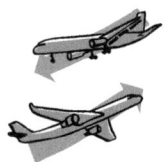

berlepas / mendarat

tu / si fam

bandar
kuropɔn

kampung

akurase

pusat bandar

kuropɔn hyiabea

rumah

efie

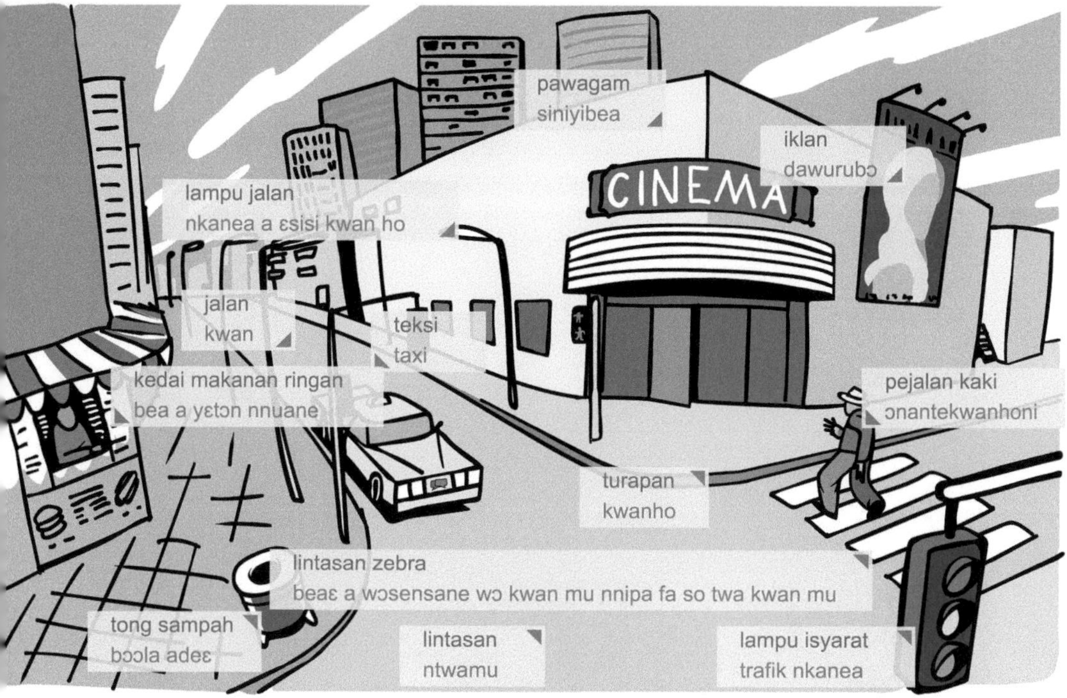

pawagam
siniyibea

iklan
dawurubɔ

lampu jalan
nkanea a ɛsisi kwan ho

jalan
kwan

teksi
taxi

kedai makanan ringan
bea a yɛton nnuane

pejalan kaki
ɔnantekwanhoni

turapan
kwanho

lintasan zebra
beaɛ a wɔsensane wɔ kwan mu nnipa fa so twa kwan mu

tong sampah
bɔɔla adeɛ

lintasan
ntwamu

lampu isyarat
trafik nkanea

pondok
ntaabodan

flat
tenabea

stesen kereta api
keteke steshin

dewan bandar
kurom nhyiadanmu

muzium
mesiɔm

sekolah
sukuu

bandar - kuropɔn

universiti
suapon kɛseɛ

bank
sikakorabea

hospital
asopiti

hotel
ahomegyebea

farmasi
beaɛ a wɔtɔn nnuro

pejabat
ɔfise

kedai buku
beaɛ a wɔtɔn nwoma

kedai
beaɛ a wɔtɔn adeɛ

kedai bunga
nhwiren kuani

pasar raya
dwakɛseɛmu

pasaran
dwamu

gedung
asoeɛ sotɔɔ

penjual ikan
nnam tɔnfo

pusat membeli-belah
adetɔ beae

pelabuhan
suhyɛn gyinabea

taman
agodibea

bangku
akonnwa

jambatan
nsamsɔɔ

tangga
adeɛ wɔee foro aborosan

bawah tanah
asaasease

terowong
tɔkuro a w'atu no asaase
mu de ayɛ kwan

hentian bas
ɛhyɛn gyinabea

bar
nsanombea

restoran
adidibea

peti surat
krataa adaka

papan tanda jalan
kwan ahyɛnsodeɛ

meter parkir
kaagyinaho meta

zoo
mmoakurabea

kolam renang
nsuo a wɔdware mu

masjid
masalakyi

bandar - kuropɔn

ladang	pencemaran	tanah perkuburan
afuo	ewiem sɛeɛ	nsamanpɔ mu

gereja	taman permainan	kuil
asore	agodibea	hyiadan

landskap
asaase

- daun / ahaban
- tiang tanda / akyerɛkyerɛkwan
- jalan / kwan
- padang rumput / sare asaase
- batu / boba
- pokok / dua
- pejalan kaki / pipo so foronii
- sungai / asubɔntene
- rumput / nsensan
- bunga / nhwiren

landskap - asaase

lembah

ɛbɔn

bukit

bepɔ

tasik

sutadeɛ

hutan

kwaeɛ

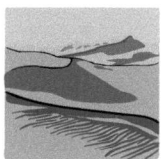

padang pasir

ɛserɛ so

gunung berapi

egya a ɛfiri bepɔ mu ba

istana

ahenfie

pelangi

nyankontɔn

cendawan

mmire

pokok kelapa sawit

abɛdua

nyamuk

ntontom

terbang

wasena

semut

ntatea

lebah

wowa

labah-labah

ananse

landskap - asaase

kumbang
kukurubibi

katak
apɔnkyerɛnee

tupai
opuro

landak
kotoko

arnab
adanko

burung hantu
patuo

burung
anomaa

angsa
dabodabo

babi jantan
kɔkɔte

rusa
wansane

moose
torɔm

empangan
sutadeɛ

turbin angin
mframa tɛɛbain

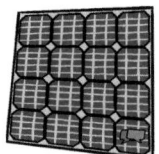

panel solar
adeɛ ɛtwe anyinam ahoden firi awia mu

iklim
ewiem

landskap - asaase

restoran
adidibea

pelayan
barima a wɔsom wɔ beae a wɔtɔn aduane

menu
aduane ahodoɔ wɔtɔn

kerusi
akonwa

piza
pizza

sup
nkwan

alas meja
ntoma a wɔde kata ɛpono so

kutleri
atere ne nsikan a wɔde didie

pemula
ahyɛaseɛ

hidangan utama
aduane titriw

pencuci mulut
nnɔkɔnnɔkwade

minuman
nsa

makanan
aduane

botol
toa

restoran - adidibea

makanan segera
aduane wɔyɛ no ɔhare so

makanan jalanan
aduana a ɛyɛ kwan ho

teko
tea kukuo

mangkuk gula
asikyire kyɛnsen

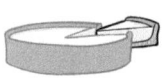

bahagian
fa

mesin espreso
espresso afidie

kerusi tinggi
akonwa tenten

bil
ka krataa

dulang
apanpan

pisau
sikanmoa

garfu
adinam

sudu
atere

sudu teh
tea atere

serviette
ntoma a wɔde sɛ pono so

gelas
ahwehwɛ

restoran - adidibea

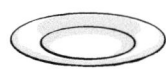

pinggan

plɛɛte

mangkuk sup

nkwan plɛɛte

piring

plɛte ketewa

sos

frɔyɛ

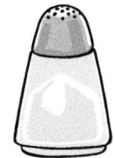

tempat garam

nkyene kukuo

pengisar lada

adeɛ a wɔde twi mako

cuka

vinegar

minyak

anwa

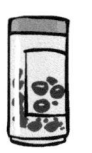 

rempah

atosodeɛ

sos

ketchup

mustard

sinapi aba

mayones

mayonis

restoran - adidibea

pasar raya

dwakɛseɛmu

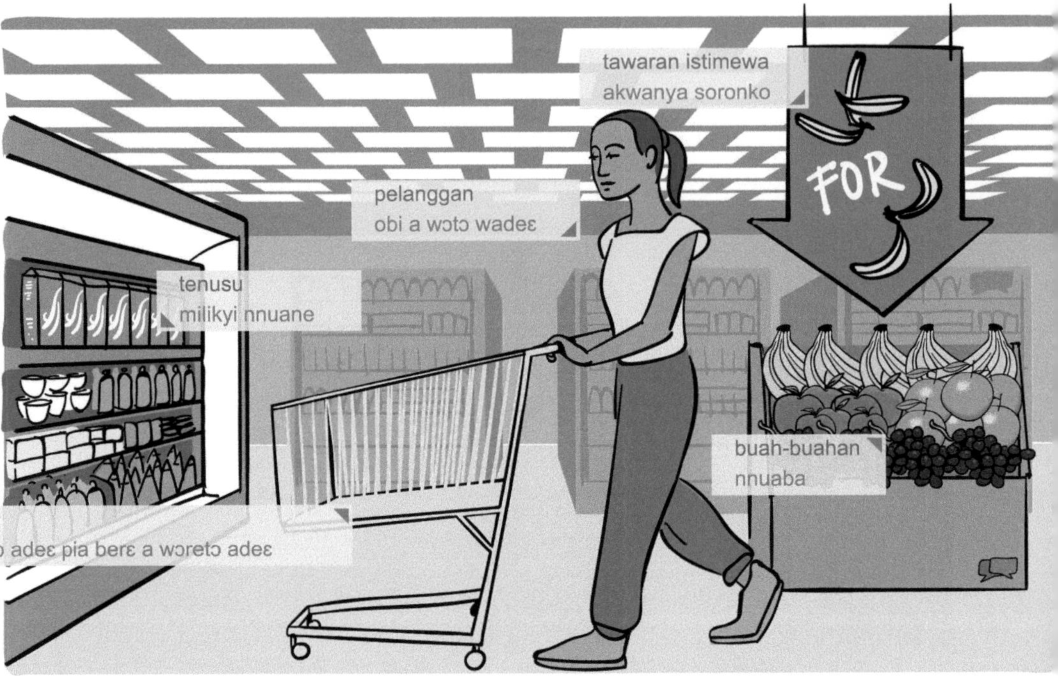

tawaran istimewa
akwanya soronko
FOR
pelanggan
obi a wɔtɔ wadeɛ
tenusu
milikyi nnuane
buah-buahan
nnuaba
tɔ adeɛ pia berɛ a wɔretɔ adeɛ

BUTCHERS

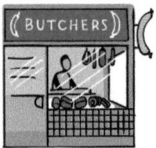

tukang daging

nnamtwafo

BAKERY

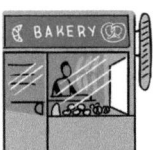

kedai roti

brodotofo

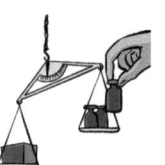

berat

susu

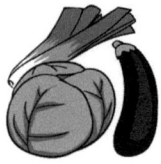

sayur-sayuran

atosodeɛ

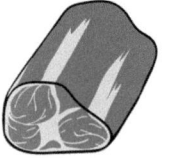

daging

nnam

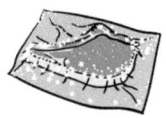

makanan sejuk beku

aduane a wɔde ahyɛ sukɔtwea adaka mu

daging sejuk

nnam a yɛy nwunu

makanan dalam tin

nnuane a ɛwɔ konku mu

serbuk pencuci

aduro a wɔde si nnooma

gula-gula

adɔkɔkɔdɔkɔdeɛ

produk isi rumah

efie nnooma

produk pembersihan

nnuro a wɔde hohoro nnooma ho

orang jualan

adetɔni

daftar tunai

adeɛ a wɔgye sika de gu mu

juruwang

obi a wɔhwɛ sika so

senarai membeli-belah

nnooma a wobɛtɔ

waktu pembukaan

mmerɛ a ɔmo de bue

beg duit

kɔtɔkuo

kad kredit

krɛdit kaade

beg

bɔtɔ

beg plastik

rɔba bɔtɔ

pasar raya - dwakɛseɛmu

minuman
nsa

air
nsuo

jus
aduaba mu nsuo

susu
milikyi

kola
coke

wain
nsa

bir
beer

alkohol
nsaden

koko
kookoo

the
tea

kopi
kɔfe

espreso
espresso

kapucino
cappuccino

makanan
aduane

pisang
kwadu

epal
aprɛ

oren
akutuo

tembikai
mɛlɔn

lemon
akutuo

lobak merah
karɔt

bawang putih
galeke

buluh
mpampuro

bawang
gyeene

cendawan
mmire

kacang
nkateɛ

mi
talia

makanan - aduane   23

spageti	nasi	salad
talia	ɛmo	salad

kerepek	kentang goreng	piza
kyips	aborodwomaa w'akye	pizza

hamburger	sandwic	kutlet
hamburger	sandwiɔh	ntwetwade

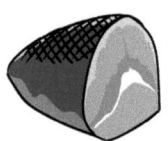  

ham	salami	sosej
prɛko nam	salami	sɔsegye

ayam	panggang	ikan
akokɔnam	toto	nsuomunam

makanan - aduane

bubur oat
oats koko

muesli
muesli

emping jagung
cornflakes

tepung
esam

kroisan
croissant

roti roll
brodo a yabobɔ

roti
brodo

roti bakar
ho

biskut
biskit

mentega
bɔta

dadih
koko

kek
ɔfam

telur
kosua

telur goreng
kosua a yakye

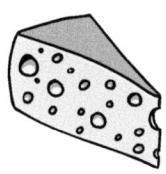
keju
kyeese

makanan - aduane

ais krim	gula	madu
ise krim	asikyire	ɛwoɔ

jem	krim nougat	kari
ɛam	kyɔkolate a wɔde yɛ aduane mu	kɔri

makanan - aduane

ladang
afuo

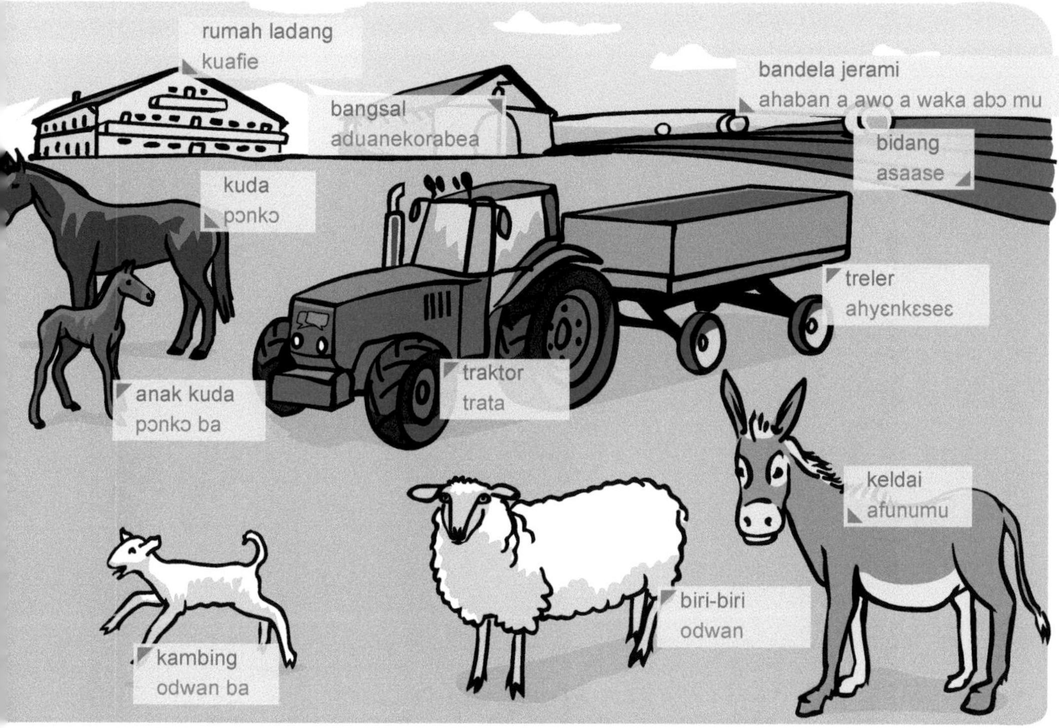

rumah ladang
kuafie

bangsal
aduanekorabea

bandela jerami
ahaban a awo a waka abɔ mu

bidang
asaase

kuda
pɔnkɔ

treler
ahyɛnkɛseɛ

anak kuda
pɔnkɔ ba

traktor
trata

keldai
afunumu

biri-biri
odwan

kambing
odwan ba

kambing
aponkye

lembu
nantwie

anak lembu
nantwie ba

babi
prɛko

anak babi
prɛko ba

lembu
nantwinini

angsa
dabodabo

itik
dabodabo

anak ayam
akokɔba

ayam betina
akokɔbedeɛ

ayam jantan muda
akokɔnini

tikus
akura

kucing
agyinamoa

tikus
akura

lembu jantan
nantwi

anjing
ɔkraman

rumah anjing
kramanfie

hos taman
drobɛn a wɔde nsuo fa mu gugu nnoɔma so

bekas siraman
toa wɔde nsuo gu mu de gugu nnoɔma so

sabit
kantankrankyi

bajak
afidie a wɔde funtum asaase ani

ladang - afuo

sabit
sɔscwa

cangkul
asɔ

serampang peladang
fɔɔki kɛseɛ

kapak
akuma

kereta sorong
hweebaro

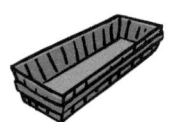

palung
adea mmoa didi mu

tin susu
milikyi konku

karung
kotoku

pagar
ɛban

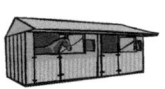

stabil
mmoa dan

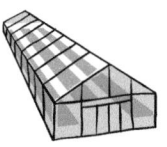

rumah hijau
nnuaba dan mu

tanah
anwea

benih
aba

baja
nnuro a wɔde gu mfudeɛ ho

jentuai
nnuanetwa kaa kɛse

ladang - afuo

tuai
twa

menuai
mfudeɛ

keladi
bayerɛ

gandum
ayuo

soya
soya

kentang
aborɔdwomaa

jagung
aburo

biji sawi
rapedua aba

pokok buah-buahan
aduaba dua

ubi kayu
bankye

bijirin
aburo aduane

ladang - afuo

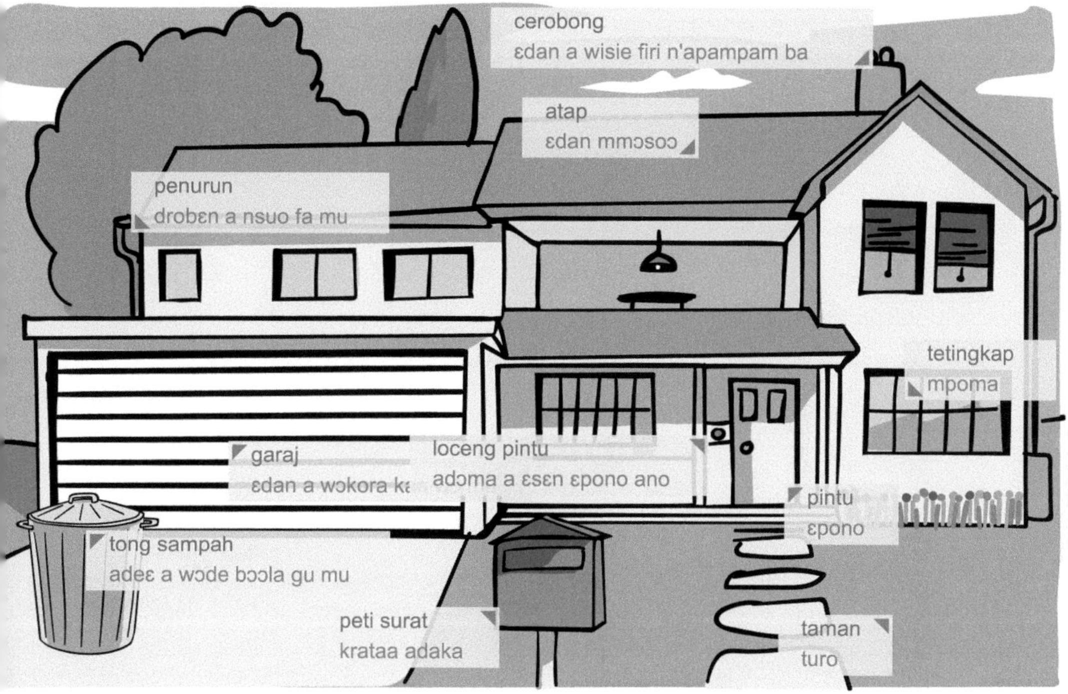

rumah
efie

cerobong
ɛdan a wisie firi n'apampam ba

atap
ɛdan mmɔsoɔ

penurun
drobɛn a nsuo fa mu

tetingkap
mpoma

garaj
ɛdan a wokora kɛ

loceng pintu
adɔma a ɛsɛn ɛpono ano

pintu
ɛpono

tong sampah
adeɛ a wɔde bɔɔla gu mu

peti surat
krataa adaka

taman
turo

ruang tamu
ɛdan a wɔtena mu

bilik air
adwareɛ

dapur
gyaade

bilik tidur
piam

bilik kanak-kanak
abɔfra dan mu

ruang makan
ɛdan a wɔdidi wɔ mu

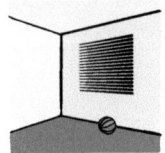
lantai
fam

dinding
ɛban

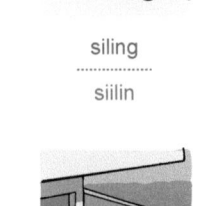
siling
siilin

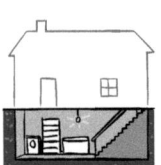
bilik bawah tanah
ɛdan a ɛhyɛ fam

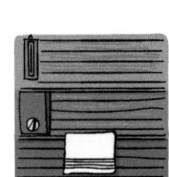
sauna
beaɛ a wɔkɔto hyew

balkoni
pɔɔkye

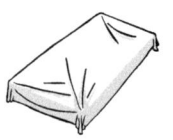
teres
asaase a wafuntum na wɔde dua nnɔbaeɛ

kolam renang
nsuo a wɔdware mu

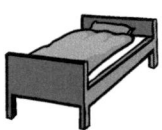
pemotong rumput
afidie a wɔde dɔ

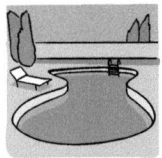
lembaran
krataa

penutup tilam
nnasoɔ

katil
mpa

penyapu
praeɛ

timba
bɔkiti

suis
deɛ wɔde sɔ kanea

rumah - efie

ruang tamu
ɛdan a wɔtena mu

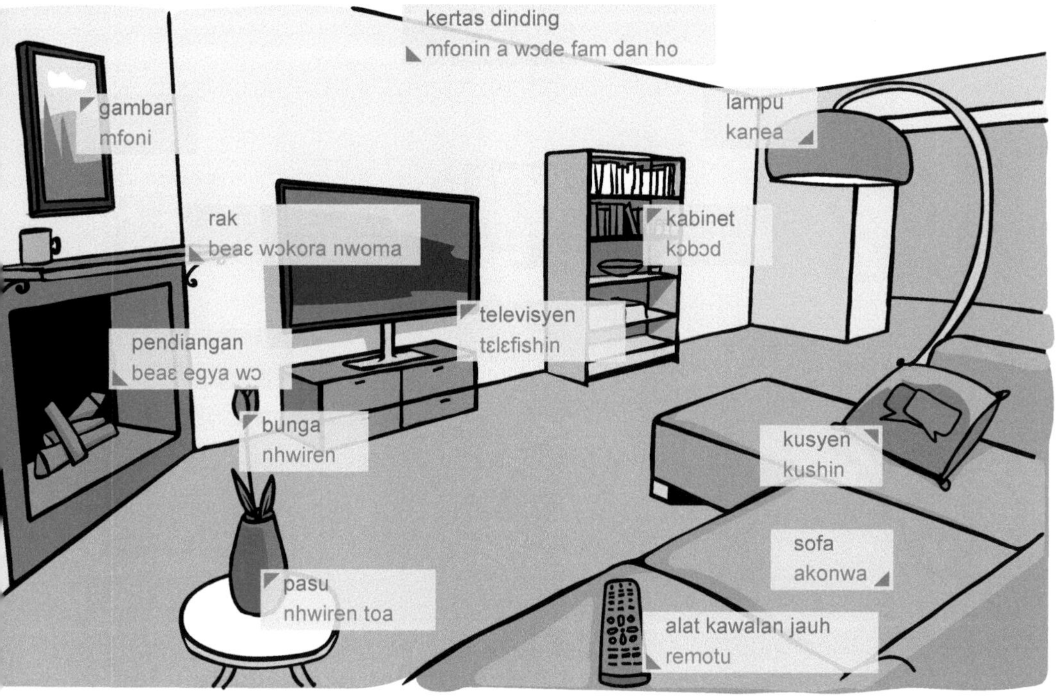

kertas dinding
mfonin a wɔde fam dan ho

gambar
mfoni

lampu
kanea

rak
beaɛ wɔkora nwoma

kabinet
kɔbɔd

pendiangan
beaɛ egya wɔ

televisyen
tɛlɛfishin

bunga
nhwiren

kusyen
kushin

sofa
akonwa

pasu
nhwiren toa

alat kawalan jauh
remotu

permaidani
kapɛt

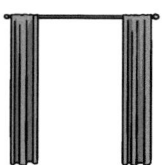

tirai
kɛtin

meja
pono

kerusi
akonwa

kerusi malas
akonwa aa ɛkɔ anim ne akyi

kerusi
nsaakonwa

buku
nwoma

selimut
kuntu

hiasan
beaɛ asiesie

kayu api
egya

filem
mfoni

hi-fi
hi-fi afidie

kunci
safoa

akhbar
dawurubɔ krataa

lukisan
akaado

poster
mfoni

radio
akasanoma

buku catatan
nwoma a wɔtwerɛ nsɛmpɔ gu mu

penyedut habuk
afidie a wɔde pra mfuturo

kaktus
cactus

lilin
kandele

ruang tamu - ɛdan a wɔtena mu

dapur
gyaade

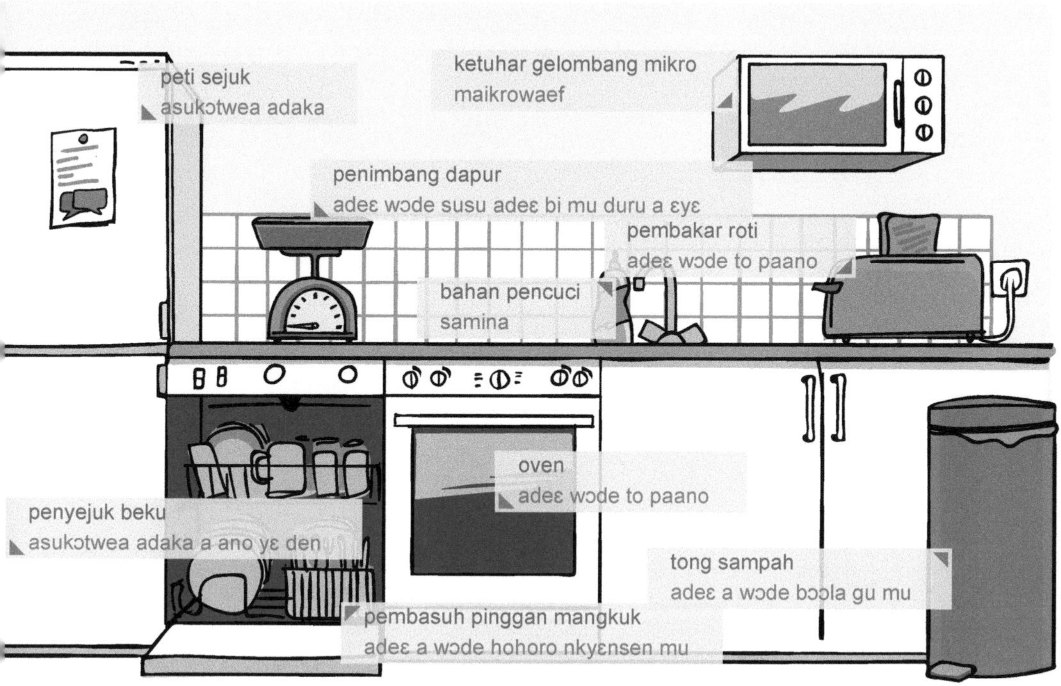

peti sejuk
asukɔtwea adaka

ketuhar gelombang mikro
maikrowaef

penimbang dapur
adeɛ wɔde susu adeɛ bi mu duru a ɛyɛ

pembakar roti
adeɛ wɔde to paano

bahan pencuci
samina

penyejuk beku
asukɔtwea adaka a ano yɛ den

oven
adeɛ wɔde to paano

tong sampah
adeɛ a wɔde bɔɔla gu mu

pembasuh pinggan mangkuk
adeɛ a wɔde hohoro nkyɛnsen mu

periuk dapur
adeɛ a wɔde noa aduane

periuk
kukuo

periuk besi
dadesɛn

kuali
wok / kadai

pan
pan

cerek
adeɛ wɔde noa nsuo

dapur - gyaade

pengukus

nea yɛde ka aduane hye

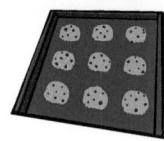

dulang pembakar

adeɛ wɔto so paano

pinggan mangkuk

nkyɛnsen a wɔdidi mu

koleh

kuruwa

mangkuk

kyɛnsen

penyepit

nnua a wɔde didie

senduk

kwantere

spatula

atere

pengadun

adeɛ wɔde nu adeɛ mu

penapis

sɔneɛ

ayak

sɔneɛ

pemarut

adeɛ a wɔde twi adeɛ

mortar

waduro

barbeku

adeɛ a wɔde toto nam

pembakaran terbuka

egya a biribiara mmɔ ho ban

dapur - gyaade

papan pencincang
adeɛ a wɔtwitwa so nnooma

pin golekan
adea wɔde twi nnooma

skru gabus
adeɛ a wɔde tu toa ano

tin
konku

pembuka tin
adeɛ wɔde bie konku so

pemegang periuk
nea yɛde sɔ kukuo mu

sinki
adeɛ a wɔhohoro nkyɛnse wɔ mu

berus
adeɛ a wɔde twitwi

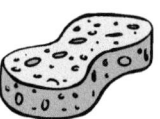

span
sapɔ

pengisar
afidie wɔde yam nnuane

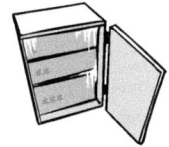

penyejuk beku
asukɔtwea adaka a ano yɛ den

botol bayi
abɔfra toa

paip
nsuo

dapur - gyaade

bilik air
adwareɛ

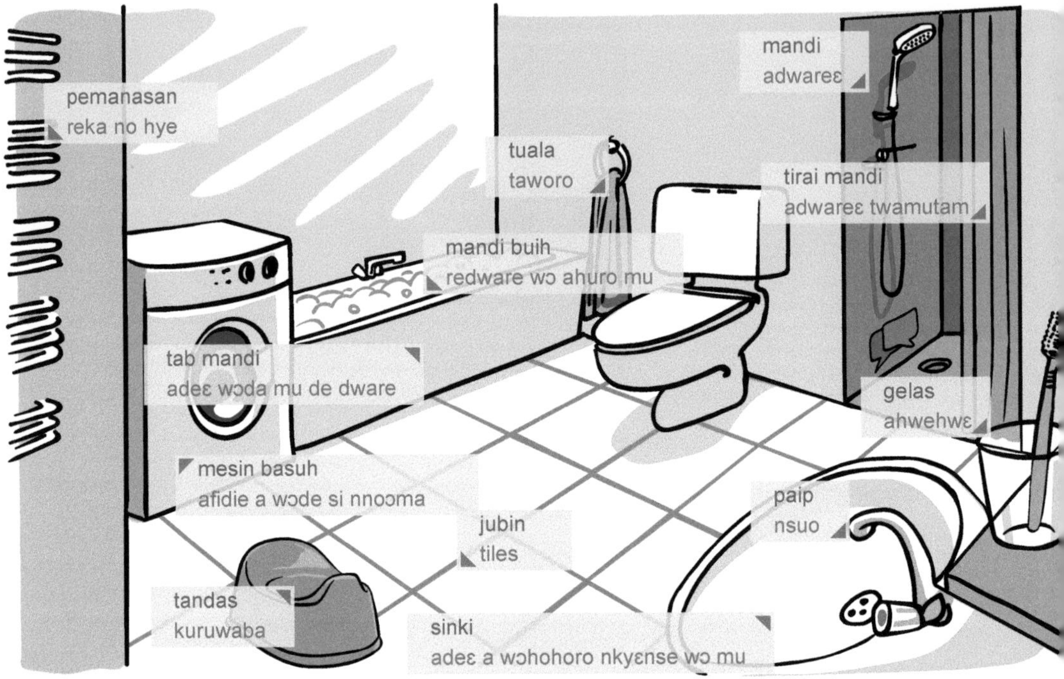

- mandi / adwareɛ
- pemanasan / reka no hye
- tuala / taworo
- tirai mandi / adwareɛ twamutam
- mandi buih / redware wɔ ahuro mu
- tab mandi / adeɛ wɔda mu de dware
- gelas / ahwehwɛ
- mesin basuh / afidie a wɔde si nnooma
- paip / nsuo
- jubin / tiles
- tandas kuruwaba
- sinki / adeɛ a wɔhohoro nkyɛnse wɔ mu

tandas
agyananbea

tandas mencangkung
agyananbea a wɔkotoso

mangkuk tandas
bidet

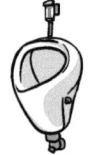

tandas awam
dwonsɔbea

kertas tandas
tiafi krataa

berus tandas
adeɛ a wɔde twitwi agyanbea

berus gigi

adeɛ wɔde twitwiri ɛse

ubat gigi

aduro wɔde twitwiri ɛse

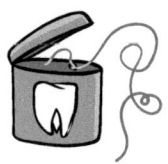

flos gigi

adeɛ wɔde yiyi ɛse ntam

cuci

si

mandian tangan

adeɛ wɔsɔ mu de dware

pancuran

adeɛ nsuo fa mu na wɔde hohoro mmaa ase

besen

adeɛ wɔsi nnoɔma wɔ mu

belakang berus

adeɛ wɔde twitwi yakyi

sabun

samina

gel mandian

adwareɛ samina

syampu

deɛ wɔde hohoro tirinwii mu

flanel

ntoma wɔde asaawa na ayɛ

longkang

nsuokwan

krim

nkuu

deodoran

aduro a wɔde fa mmɔtoamu

bilik air - adwareɛ

cermin
ahwehwɛ

cermin tangan
ahwehwɛ kumaa

pisau cukur
yiwan

busa cukur
aduro a wɔde yi

selepas cukur
aduro a wɔde sera beaɛ wayi

sikat
afe

berus
brɔsh

pengering rambut
afidie a wɔde ka nwii ma no wo

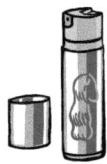

semburan rambut
adeɛ wɔde aduro gu mu de gu nwii so

mekap
adeɛ wɔde yɛn wɔn anim

gincu
adeɛ wɔde keka ano

varnis kuku
aduro a wɔde ka mmɔwerɛ so

bulu kapas
asaawa

gunting kuku
apasoɔ a wɔde twitwa mmɔwerɛ

pewangi
aduham

beg basuhan

baage a wɔde nnooma gu mu wɔ adwareɛ

bangku

akonwa

skala berat

afidie a wɔde susu adeɛ bi mu duro

jubah mandi

ataadeɛ wɔhyɛ berɛ a wɔrekɔdware

sarung tangan getah

adeɛ wɔde hyɛ wɔn nsa a wɔde rɔba na ayɛ

kapas

adeɛ wɔde twe nsuo firi pirakuro mu

tuala wanita

eɛ mmaa de siesie wɔn ho berɛ wɔn abu wɔn nsa

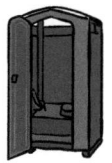

tandas kimia

agyananbea a wɔde nnuro kora

bilik air - adwareɛ

bilik kanak-kanak
abɔfra dan mu

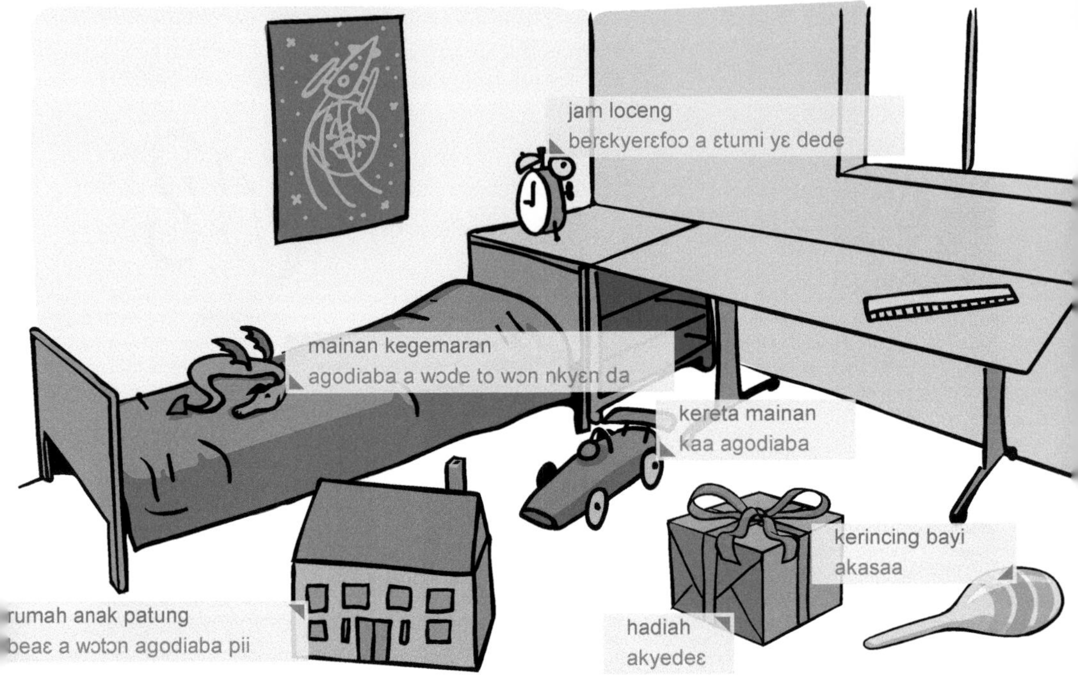

jam loceng
berɛkyerɛfoɔ a ɛtumi yɛ dede

mainan kegemaran
agodiaba a wɔde to wɔn nkyɛn da

kereta mainan
kaa agodiaba

kerincing bayi
akasaa

rumah anak patung
beaɛ a wɔton agodiaba pii

hadiah
akyedeɛ

belon
baluu

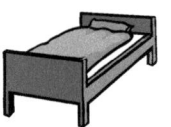

katil
mpa

kereta sorong bayi
adeɛ a wɔde mmɔfra to mu pia wɔn

set kad
nkrataa a ɛhyɛ adaka mu

susun suai gambar
mfonin asiniasini a wɔkeka si ani hyehyɛ

komik
mmɔfra aseresɛm nwoma

batu bata lego

lego bricks

blok mainan

blɔks a wɔde si dan

figura aksi

mmɔfra agodiaba

baju bayi

mmɔfra ataade a wɔayɛ abɔ mu

frisbee

frisbee

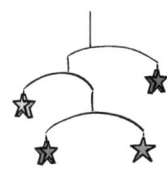

mainan bayi mudah alih

agodiaba a wɔde sensɛne mmɔfra mpa so

permainan papan

agorɔ a ɛwɔ pono so

dadu

ludu aba

set model kereta api

ketekye ketewa

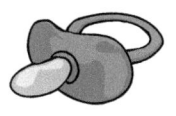

palsu

adeɛ a wɔde hyɛ mmɔfra anumu

parti

apontoɔ

buku bergambar

krataa mfonin wɔ mu

bola

bɔɔlo

anak patung

agodiaba

main

di agorɔ

bilik kanak-kanak - abɔfra dan mu

lubang pasir

adeɛ wɔde anwea agu mu a mmɔfra di mu agorɔ

buai

adonko

mainan

agodiaba

konsol permainan video

afidie abɛɛfo agodie wɔ so a wɔbɔ

basikal roda tiga

dadepɔnkɔ a ne nan yɛ mmiensa

anak patung beruang

sisire agodiaba

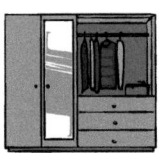

almari pakaian

wɔdrop

pakaian
ataadeɛ

stoking

adeɛ a wɔhyɛ ansa na wahyɛ mpaboa

stoking

ataade tenten a wɔhyɛ wɔ wɔn nan ho

ketat

ataadeɛ a ɛkyekyere deɛ wahyɛ no

pakaian - ataadeɛ

badan
nipadua

Seluar panjang
trɔsa

jean
gyins

skirt
skɛɛte

blaus
mmaa ataade soro

kemeja
ataadesoro

baju panas sarung
swata

sweater
ataadeɛ a ɛkyɛ wɔ mu

blazer
kootu

jaket
ataade ngusoɔ

kot
kootu

baju hujan
ataadeɛ wɔhyɛ berɛ nsuo retɔ

kostum
ataadehyɛ

pakaian
ataadeɛ

baju pengantin
ayifrɔ atadeɛ

pakaian - ataadeɛ

sut

ataade nkatasoɔ

baju tidur

ataadeɛ a yɛhyɛ de da

baju tidur

pigyamas

sari

sari

skarf kepala

duku

serban

duku

burqa

ataadeɛ Nkramofoɔ mmaa hyɛ na ɛkata wɔn tiri so de kɔsi wɔn nan ase

kaftan

kaftan

abaya/jubah

abaya

baju renang

ataadeɛ a wɔhyɛ de dware nsuo mu

seluar renang

nika

seluar pendek

nika

sut balapan

traksuit

apron

ntoma a wɔde kata wɔn kɔnmu berɛ wɔreyɛ aduane

sarung tangan

adeɛ wɔde hyɛ wɔn nsa

pakaian - ataadeɛ

butang

batin

cermin mata

ahwehwɛniwa

gelang tangan

adeɛ wɔde to wɔn nsa

rantai leher

kɔnmuade

cincin

kawa

subang

asomadeɛ

topi

ɛkyɛ

penyangkut kot

adeɛ a wɔde kootu hyɛ so

topi

ɛkyɛ

tali leher

abɔɔmenemu

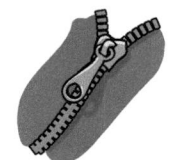

zip

zip

topi keledar

ɛkyɛ a wɔhyɛ de twi motosakre

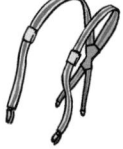

pendakap

bresis

uniform sekolah

sukuu ataadeɛ

seragam

ataadeɛ

pakaian - ataadeɛ

lapik dada
adeɛ a wɔde gu abɔfra kɔn mu berɛ a wɔredidi

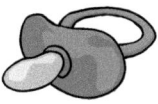
palsu
adeɛ a wɔde hyɛ mmɔfra anumu

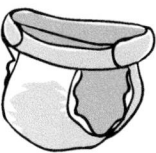
lampin
moase tam

pejabat
ɔfise

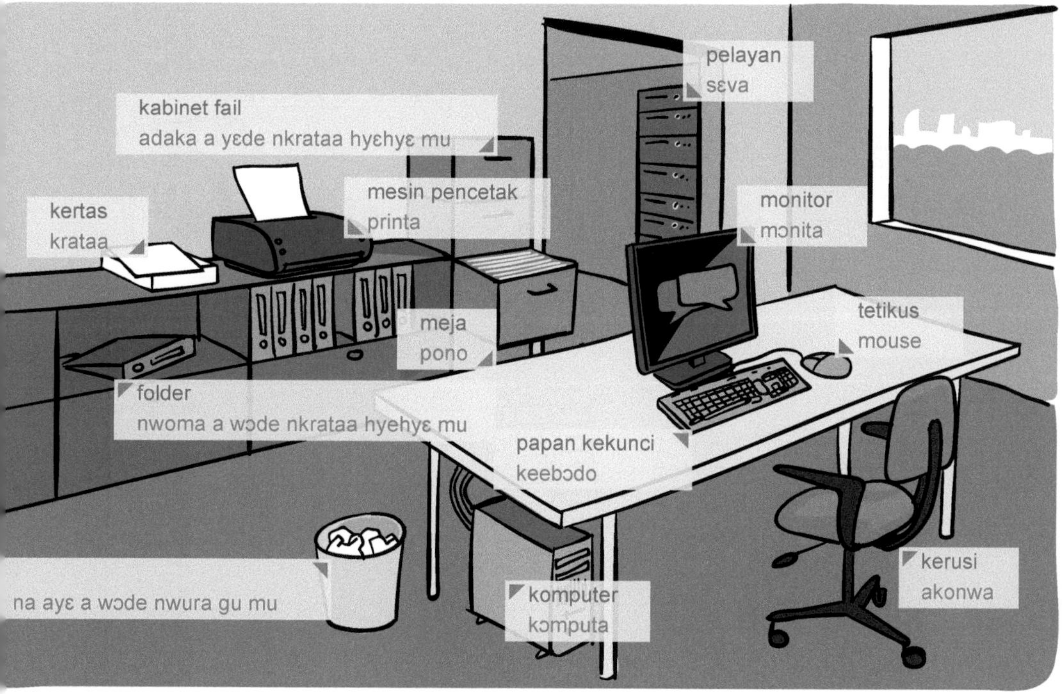

- pelayan / sɛva
- kabinet fail / adaka a yɛde nkrataa hyɛhyɛ mu
- mesin pencetak / printa
- monitor / mɔnita
- kertas / krataa
- meja / pono
- tetikus / mouse
- folder / nwoma a wɔde nkrataa hyɛhyɛ mu
- papan kekunci / keebɔdo
- na ayɛ a wɔde nwura gu mu
- komputer / kɔmputa
- kerusi / akonwa

cawan kopi
kɔfe kuruwa

kalkulator
afidie a wɔde bu nkonta

internet
intanɛt

komputer riba
laptɔp

surat
krataa

mesej
nkratoɔ

mudah alih
mobile

rangkaian
nɛtwɛk

mesin fotokopi
fotokɔpia

perisian
sɔftwɛɛ

telefon
tetefon

soket plag
plɔg sɔkɛti

mesin faks
fax afidie

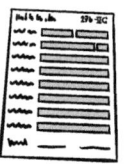

bentuk
krataa

dokumen
krataa

pejabat - ɔfise

ekonomi
sikasem

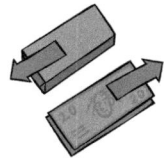
beli
tɔ

bayar
tua

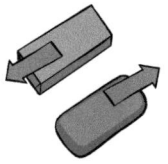
berdagang
tɔn

wang
sika

dolar
dollar

euro
euro

yen
yen

rubel
rouble

franc swiss
Swiss franc

renminbi yuan
renminbi yuan

rupee
rupee

mata tunai
sikabea

pejabat tukaran mata wang

baabi aa yɛsesa

emas

sikakɔkɔɔ

perak

dwetɛ

minyak

ngo

tenaga

ahoɔden

harga

ne boɔ

kontrak

nteaseɛ a ɛwɔ krataa so

cukai

ɛtoɔ

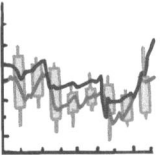

stok

stock

kerja

yɛ adwuma

pekerja

odwumayɛni

majikan

obi a wafa obi adwumamu

kilang

afidihyehyɛbea

kedai

beaɛ a wɔtɔn adeɛ

ekonomi - sikasem

pekerjaan
nnwuma ahodoɔ

pegawai polis — polisini

ahli bomba — gyadumni

tukang masak — obi a wɔnoa aduane

doktor — dɔkota

juruterbang — obi a wɔtwi ewiemhyɛn

tukang kebun
kuani

tukang kayu
nnuaseni

tukang jahit
ɔbaa a wɔpam adeɛ

hakim
otɛnmuani

ahli kimia
dufrani

pelakon
siniyifoɔ

pemandu bas
hyɛnkani

pemandu teksi
taxi drɔba

nelayan
ɔfarifo

wanita pencuci
ɔbaa wɔpopa beaɛ

kasau
obi a wɔbɔ dan so

pelayan
barima a wɔsom wɔ beaɛ a wɔtɔn aduane

pemburu
ɔbɔmɔfo

pelukis
obi wɔde akaado keka ɛden ne nnoɔma aka ho

bakeri
brodotofo

juruelektrik
obi a wɔyɛ nkaneɛ ho adwuma

pembangun
dansifo

jurutera
obi a wɔyɛ mfidie akɛseɛ ho adwuma

penjual daging
namtɔnfo

tukang paip
obi a wɔhyehyɛ drobɛn a nsuo fa mu

posmen
obi a wɔde nkrataa a amanfoɔ atwerɛ soma no

pekerjaan - nnwuma ahodoɔ

askar
ɔsrani

arkitek
obi a wɔyɛ adansie ho adwuma

juruwang
obi a wɔhwɛ sika so

kedai bunga
obi a wɔtɔn nhwiren

pendandan rambut
obi a wɔyɛ tire

konduktor
deɛ wɔgyegye sika wɔ ɛhyɛn mu

mekanik
obi a wɔsiesie ɛhyɛn

kapten
panin

doktor gigi
dɔkota a wɔhwɛ se

ahli sains
abodeɛmu nyasapɛni

tuhanku
ɔkyerɛkyerɛni

imam
imam

sami
monk

paderi
sofo

alat
akadeɛ

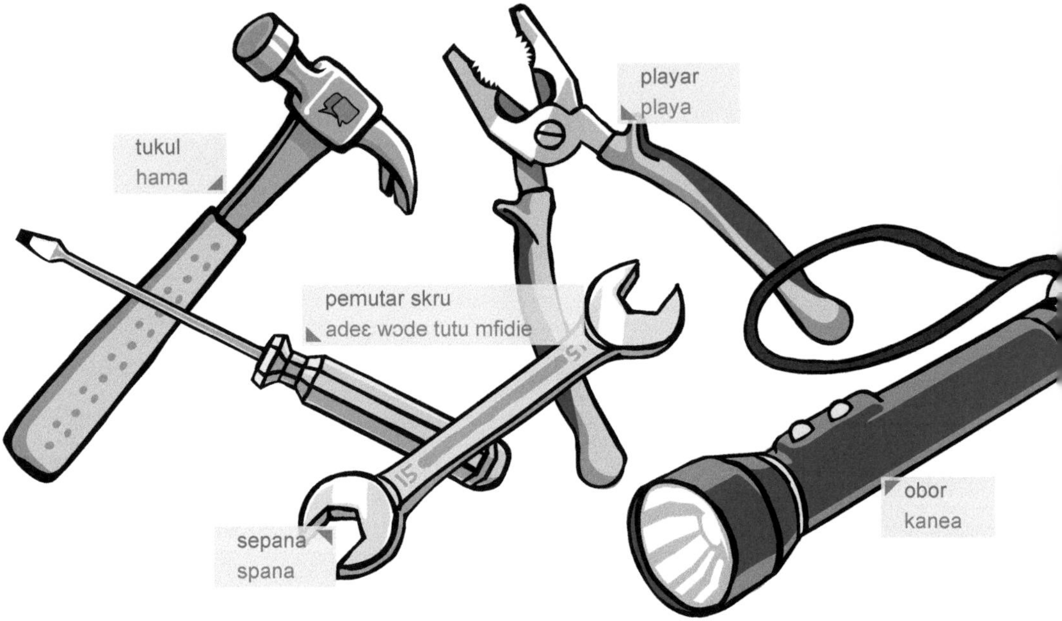

tukul / hama

playar / playa

pemutar skru / adeɛ wɔde tutu mfidie

sepana / spana

obor / kanea

pengorek

afidie a wɔde tu fam

kotak peralatan

adaka a wɔde nnooma a wɔde yɛ adwuma gu mu

tangga

atwedeɛ

gergaji

sradaa

kuku

nnadowa

gerudi

afidie a wɔde mmia nnooma mu

baiki
siesie

penyodok
sɔfi

Celaka!
Yieee!

penadah sampah
asesa nwura

periuk cat
akaado kora

skru
dadeɛ wɔde bobɔ nnoɔma mu

alat muzik
mfidie a wɔde bɔ nnwom

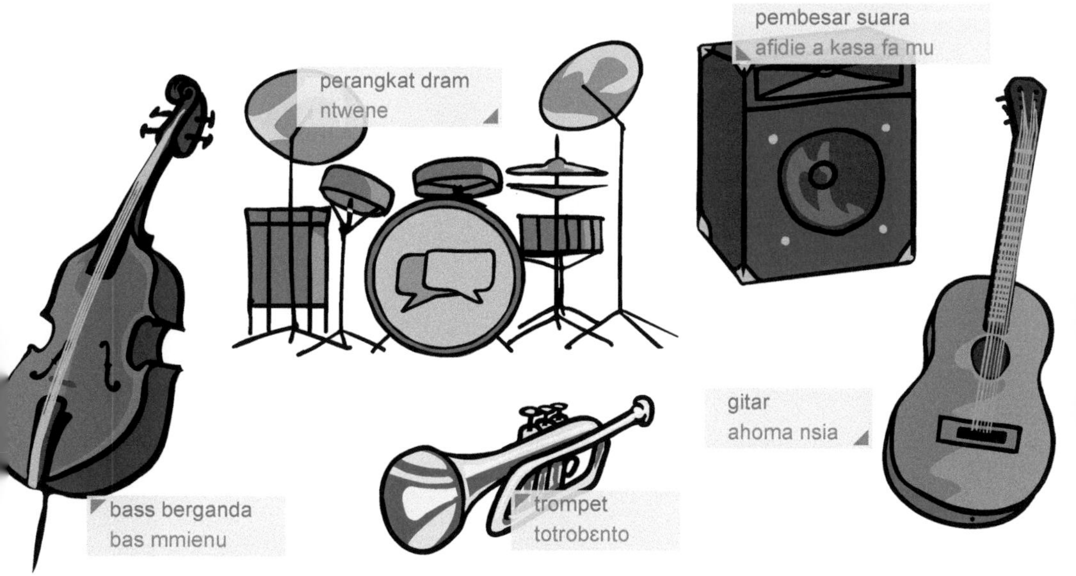

perangkat dram
ntwene

pembesar suara
afidie a kasa fa mu

gitar
ahoma nsia

bass berganda
bas mmienu

trompet
totrobɛnto

piano
sankuo

biola
sankuo

bass
ahoma nsia

timpani
timpani

dram
ntwene

papan kekunci
sankuo

saksofon
sasofon

seruling
trobɛnto

mikrofon
akasanoma

alat muzik - mfidie a wɔde bɔ nnwom

ZOO
mmoakurabea

pintu masuk
baabi a wɔfra wura m

harimau
sebɔ

sangkar
ɛban

zebra
sare so afurum

makanan haiwan
mmoa aduane

panda
kankane

haiwan
mmoa

gajah
ɔsono

kanggaru
kangaroo

badak sumbu
bɛnkorɔ

gorila
akaatia

beruang
sisire

 unta — yoma	 burung unta — sohori	 singa — gyata
 monyet — kontromfi	 flamingo — asukɔnkɔn	 nuri — ako
 beruang kutub — sisire	 penguin — penguin	 yu — oboodede
 merak — kohaa	 ular — ɔwɔ	 buaya — dɛnkyɛm
 penjaga zoo — mmoasohwɛfo	 anjing laut — sukraman	 jaguar — sebɔ

zoo - mmoakurabea

kuda

pɔnkɔ ketewa

harimau

etwie

badak air

susono

zirafah

kɔntenten

helang

ɔkɔdeɛ

babi jantan

kɔkɔte

ikan

nsuomunam

penyu

sudanda

anjing laut

sukraman

musang

sakraman

rusa

adowa

zoo - mmoakurabea

sukan
agokansie

62   sukan - agokansie

aktiviti
dwumadie ahodoɔ

tulis	lukis	tunjuk
twerɛ	dwidwi	kyerɛ
tolak	beri	ambil
pia	ma	fa

ada
gye

buat
yɛ

ialah
yɛ

berdiri
gyina

lari
tu mirika

tarik
twe

buang
to

jatuh
tɔ fam

tipu
twa ntorɔ

tunggu
twɛn

bawa
soa

duduk
tena ase

pakai
hyɛ atadeɛ

tidur
da

bangkit
sɔre

aktiviti - dwumadie ahodoɔ

lihat pada
hwɛ

menangis
su

strok
fa wo nsa fefa ho

sikat
nunu wotirim

cakap
kasa

faham
te aseɛ

tanya
bisa

dengar
tie

minum
nom

makan
didi

mengemas
siesie

sayang
dɔ

masak
noa

pandu
ka kaa

terbang
tu

aktiviti - dwumadie ahodoɔ

 belayar ka	 kira bo ho nkonta	 baca kan
 belajar sua	 kerja yɛ adwuma	 nikah ware
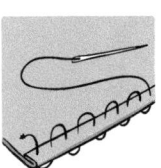 jahit pam	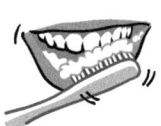 memberus gigi twitwi wo se	 bunuh kum
 asap hye	 hantar soma	

aktiviti - dwumadie ahodoɔ

keluarga
abusua

- nenek / nanabaa
- datuk / nana barima
- bapa / papa
- ibu / maame
- bayi / abɔfra
- anak perempuan / babaa
- anak lelaki / babarima

tetamu
ɔhɔhoɔ

mak cik
sewaa

pak cik
wɔfa

abang
nua barima

kakak
nuabaa

keluarga - abusua

badan
nipadua

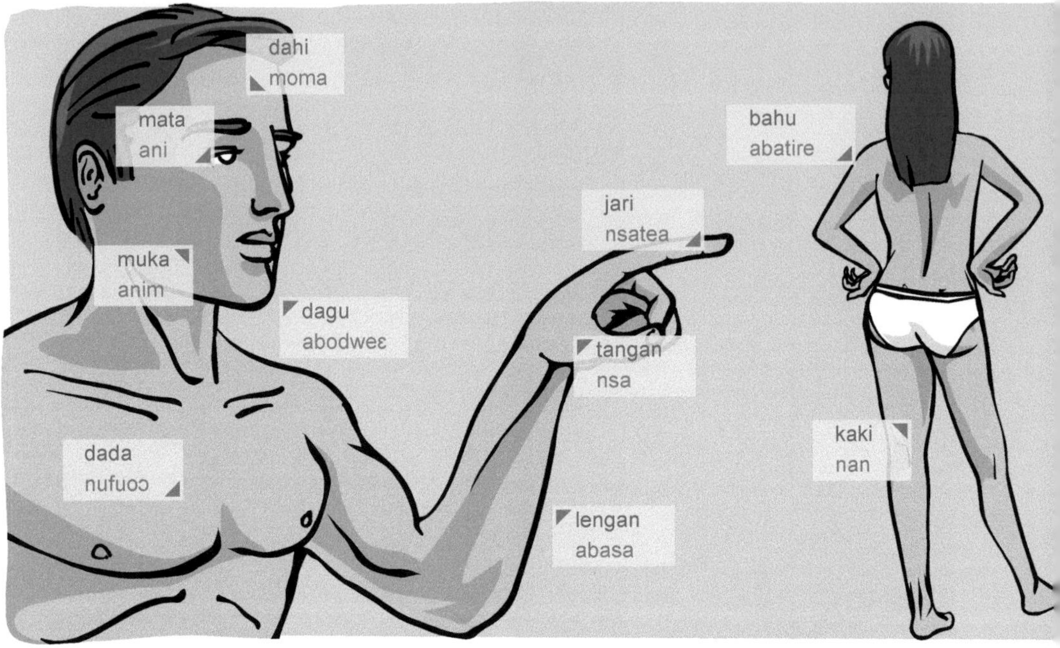

- dahi / moma
- mata / ani
- muka / anim
- dagu / abodweɛ
- dada / nufuoɔ
- bahu / abatire
- jari / nsatea
- tangan / nsa
- lengan / abasa
- kaki / nan

bayi
abɔfra

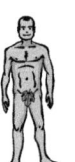

lelaki
barima

wanita
ɔbaa

perempuan
abaayewa

lelaki
abarimaa

kepala
ɛtire

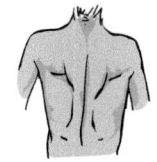

belakang
akyi

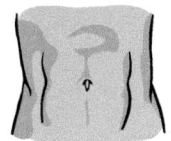

bawah perut
yafunu

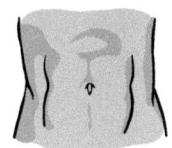

pusat
furuma

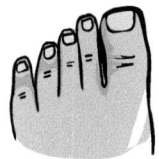

jari kaki
nansoa

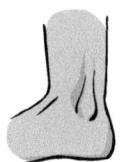

tumit
nantini

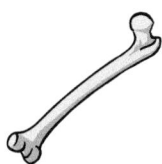

tulang
dompe

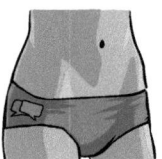

pinggul
sisi

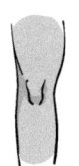

lutut
kotodwe

siku
abatwerɛ

hidung
hwene

bawah
cotɛ

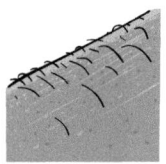

kulit
wedeɛ

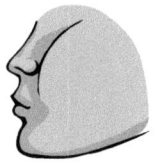

pipi
afono

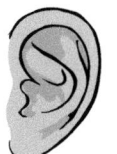

telinga
aso

bibir
ano

badan - nipadua

mulut
ano

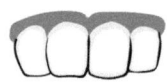

gigi
ɛse

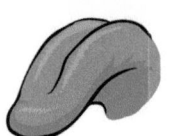

lidah
tɛkyerɛma

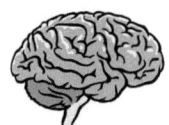

otak
adwene

hati
akoma

otot
honam

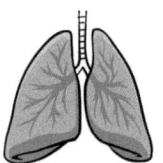

paru-paru
ahrawa

hati
brɛbɔɔ

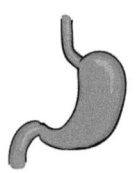

perut
afuro

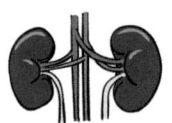

buah pinggang
sawa

seks
barima ne ɔbaa nna mu nhyiamu

kondom
kɔndɔm

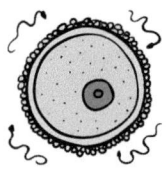

faraj
nkosua a ɛwɔ obaa mu

mani
barima ho nsuo

mengandung
nyinsɛn

badan - nipadua

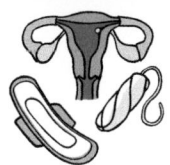
haid
brayɔ

faraj
ɛtwɛ

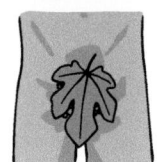
penis
kɔteɛ

kening
aniakyi nwii

rambut
nwii

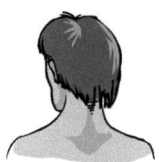
leher
kɔn

badan - nipadua

hospital
asopiti

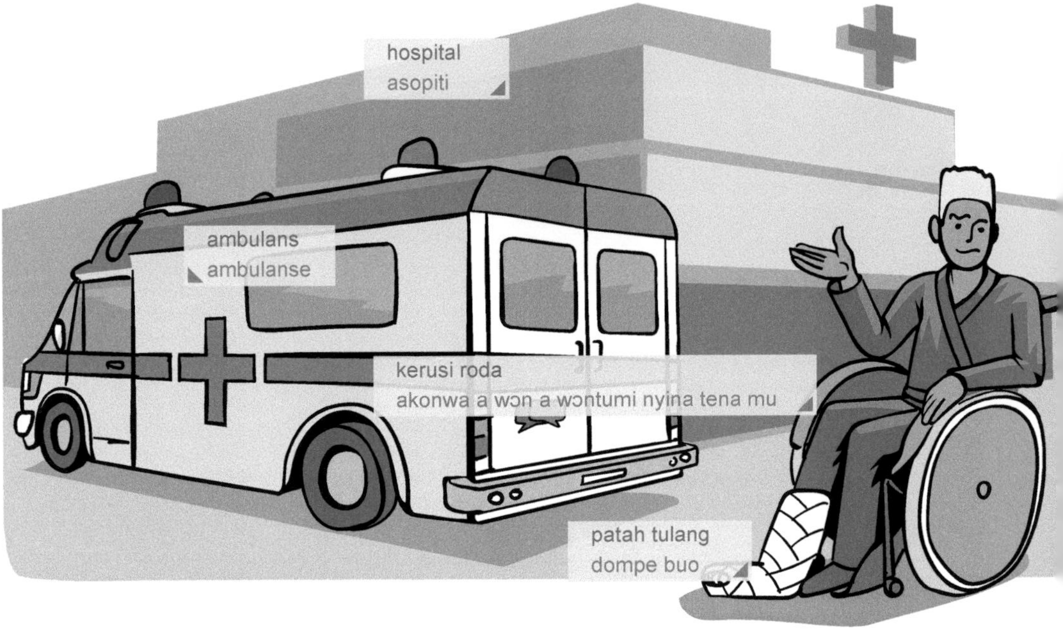

- hospital / asopiti
- ambulans / ambulanse
- kerusi roda / akonwa a wɔn a wɔntumi nyina tena mu
- patah tulang / dompe buo

doktor

dɔkota

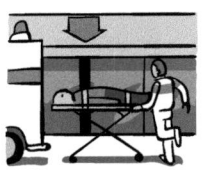

bilik kecemasan

ɛdan a wɔde wɔn a wɔn
apira kɔ mu kɔhwɛ wɔn
ɔhare so

jururawat

nɛɛse

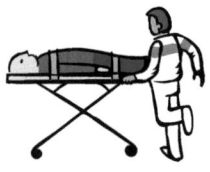

kecemasan

putupru

tak sedar

fenti

sakit

yaw

kecederaan
pira

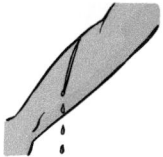

pendarahan
mogyatuo

serangan jantung
akoma yareɛ

strok
nwodwoɔ yareɛ

alergi
adeɛ wo honam mpɛ

batuk
ɛwa

demam
ahoɔhyeɛ

selesema
papu

cirit-birit
ayɛmhwie

sakit kepala
tiripayɛ

kanser
kokoram

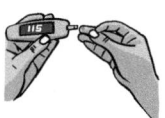

diabetes
asikyire yareɛ

pakar bedah
dokotani wɔpaepae obi sa no yareɛ

pisau bedah
sekamma

pembedahan
repaepae obi ho asa no yareɛ

hospital - asopiti

CT
CT

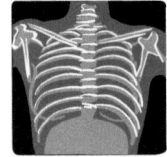
x-ray
x-ray

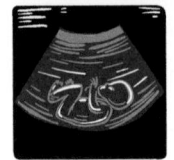
ultrabunyi
mfonin a wɔtwa de hwɛ awodeɛ mu

topeng muka
anim nkatadeɛ

penyakit
yareɛ

bilik menunggu
dan aa yɛtwɛn wɔ mu

penongkat
klɔkye

plaster
plasta

pembalut
bandege

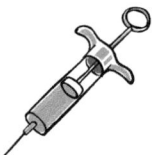
suntikan
paneɛ

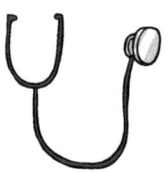
stetoskop
afidie a wɔde tie dede wɔ nnipa ho

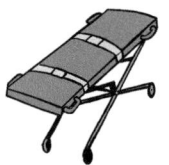
pengusung
mpa

termometer klinik
afidie wɔde hwɛ ahoɔhyeɛ

kelahiran
awoɔ

berat badan berlebihan
kɛseyɛ mmorosoɔ

hospital - asopiti

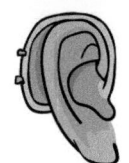

alat pendengaran

afidie a ɛboa ma obi te asɛm yie

disinfektan

aduro a wɔde ko tia yaremmoa bateria

jangkitan

yareɛ nsaeɛ

virus

yaremmoawa

HIV / AIDS

HIV / AIDS

perubatan

aduro

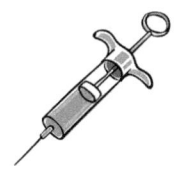

vaksinasi

nsianoaduru paneɛwɔ

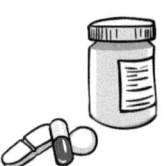

tablet

nnuro a wɔmene

pil

aduro a wɔmene

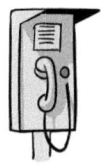

panggilan kecemasan

putupru frɛ

pantau tekanan darah

afidie a wɔde hwɛ sɛdeɛ mogya di aforosane

sakit / sihat

yareɛ / ahuɔden

kecemasan
putupru

Tolong!
Boa me!

penggera
alam

serang
repira obi

serangan
to hyɛ biribi so

bahaya
amaneɛ

pintu kecemasan
kwan a wɔfa so pue berɛ asɛm asi putupuru

Api!
Egya!

alat pemadam api
adeɛ a wɔde dum gya

kemalangan
akwanhyia

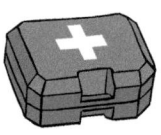

alat pertolongan cemas
mmoa a edikan akadeɛ

SOS
SOS

polis
polisi

bumi
Ewiase

Eropah
Europe

Amerika Utara
North America

Amerika Selatan
South America

Afrika
Africa

Asia
Asia

Australia
Australia

Atlantic
Atlantic

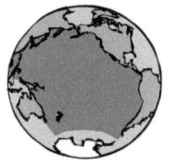
Pasifik
Pacific

Lautan Hindi
Indian Ocean

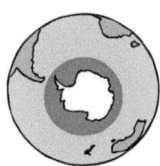
Lautan Antartik
Antartic Ocean

Lautan Artik
Arctic Ocean

Kutub utara
North Pole

Kutub Selatan	Antartika	bumi
South Pole	Atartica	Ewiase
		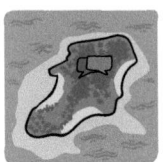
tanah	laut	pulau
asaase	ɛpo	ɛpoano
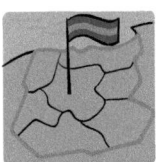	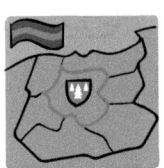	
negara	negeri	
ɔman	ɔman	

jam
mmerɛ kyerɛfoɔ

muka jam
mmerɛ kyerɛfoɔ no anim

tangan jam
dɔnhwere nsa

tangan minit
sima nsa

terpakai
anitɛtɛ nsa

Jam berapa sekarang
Abɔ sɛn?

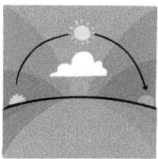

hari
da

masa
mmerɛ

sekarang
seisei ara

jam digital
abɛɛfo mmerɛ kyerɛfoɔ

minit
sima

jam
dɔnhwere

jam - mmerɛ kyerɛfoɔ

minggu
nnawɔtwe

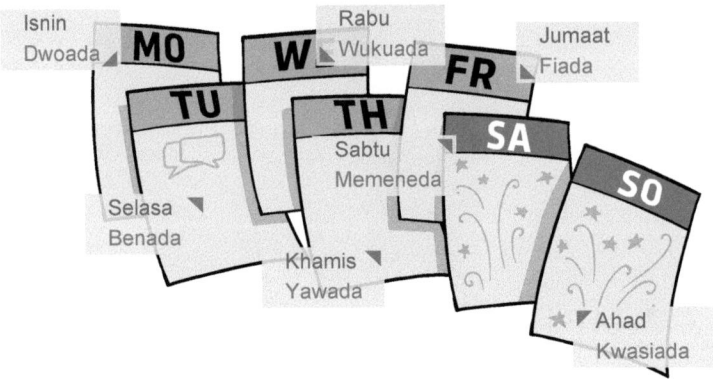

semalam
ɛnora

hari ini
nnɛ

esok
ɔkyena

pagi
anɔpa

tengah hari
awia

petang
anwummerɛ

hari kerja
adwuma nna

hari minggu
nnawɔtwe awieɛ

tahun

afe

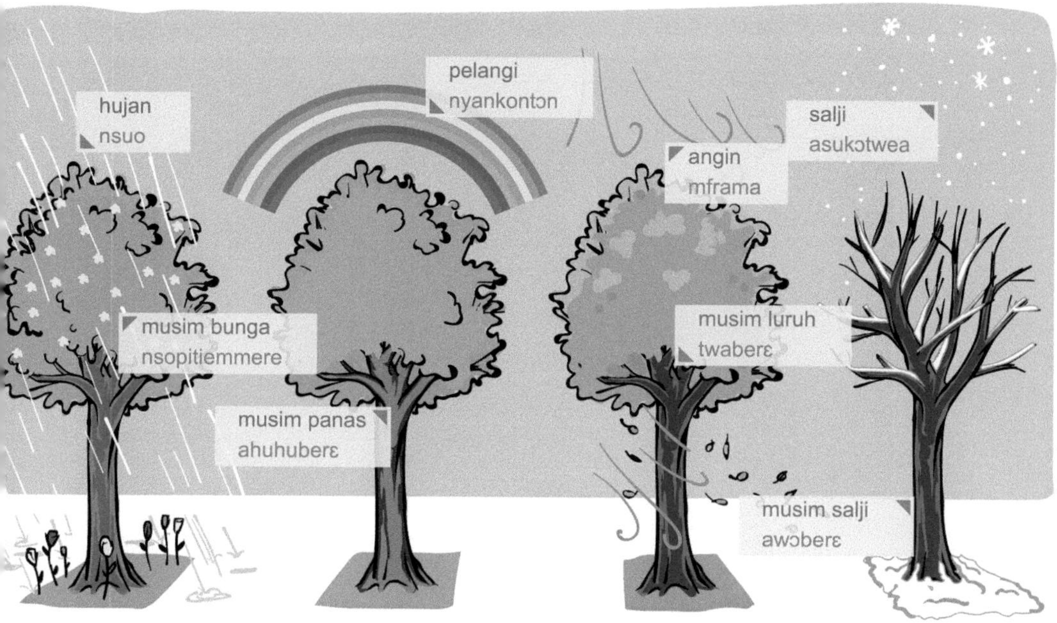

hujan
nsuo
pelangi
nyankontɔn
angin
mframa
salji
asukɔtwea
musim bunga
nsopitiemmere
musim luruh
twaberɛ
musim panas
ahuhuberɛ
musim salji
awɔberɛ

4.APRIL 11°
5.APRIL 4°
6.APRIL 13°
7.APRIL 8°
8.APRIL 10°

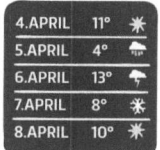

ramalan cuaca

ewiemu nsesaeɛ

F C
120 40
90 30
60 20
30 10
0 0
-30 -10
-20

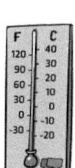

termometer

afidie a wɔde hwɛ ahoɔhyeɛ

sinar matahari

awiabɔ

awan

munumkum

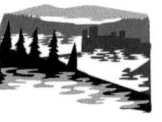

kabus

ɛbɔ

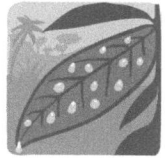

lembapan

nsuo a ɛwɔ mframa mu

kilat
ayerɛmo

petir
agradaa

ribut
nsuden ne mframa

hujan batu
sukɔtwea

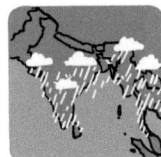
monsun
mframa a ɛde nsuo ba

banjir
nsuyiri

ais
asukɔtwea

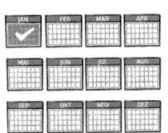
Januari
Ɔpɛpɔn

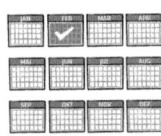
Februari
Ɔgyefoɔ

Mac
Ɔbɛnem

April
Oforisuo

Mei
Kotonimaa

Jun
Ayɛwohumumɔ

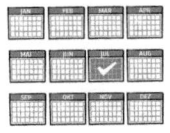
Julai
Kitawonsa

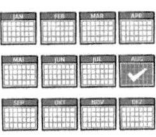
Ogos
Ɔsanaa

tahun - afe

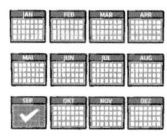
September
ɛbɔ

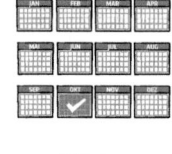
Oktober
Ahinime

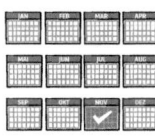
November
Obubuo

Disember
⬜pɛnimaa

bentuk
bɔbea

bulatan
kanko

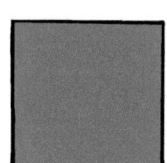
petak
ahenanan

segi empat tepat
fasene

segitiga
ahinasa

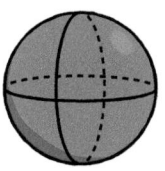
sfera
kanko

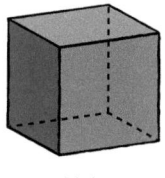
kiub
ahenanan

warna
ahosuo

putih
fitaa

kuning
akokɔsradeɛ

oren
akokɔsradeɛ

merah jambu
memen

merah
kɔkɔɔ

ungu
beredum

biru
bibire

hijau
ahabanmono

coklat
dodoeɛ

kelabu
nson

hitam
tuntum

berlawanan
abirabɔ

banyak / sedikit

bebree / ketewa

marah / tenang

abufuo / brɛo

cantik / hodoh

fɛfɛɛfɛ / tantantan

bermula / tamat

ahyɛasɛɛ / awieɛ

besar kecil

kɛsɛɛ / ketewa

terang / gelap

ɛhyerɛ / ɛdum

abang / kakak

nua barima / nuabaa

bersih / kotor

ɛho te / ɛfi

lengkap / tidak lengkap

wawie / onwieeyɛ

hari / malam

anopa / anadwo

mati / hidup

wawu / ɔtease

luas / sempit

emu bue / emu mmuɛ

boleh dimakan / tidak boleh dimakan
yetumi di / yentumi nni

jahat / baik
bɔne / papa

teruja / bosan
anigyeɛ / w'ani nka

gemuk / kurus
kɛseɛ / hwea

pertama / terakhir
di kan / ka akyi

kawan / musuh
adanfo / atanfo

penuh / kosong
ayɛ ma / hwee nnimu

keras / lembut
dendenden / mrɛmrɛmrɛ

berat / ringan
emu ye duru / emu yɛ ha

lapar / dahaga
ɛkɔm / nsukɔm

sakit / sihat
yareɛ / ahuɔden

menyalahi undang-undang / undang-undang
ɛnfa mmrakwanso / mmrakwanso

pintar / bodoh
nimdifo / gyimifo

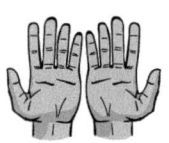

kiri / kanan
benkum / nifa

dekat / jauh
ɛbɛn / ɛmu ware

baru / lama

foforo / dada

tiada / sesuatu

ɛnyɛ hwee / biribi

tua / muda

panyin / abɔfra

hidup / mati

sɔ / dum

terbuka / tertutup

bue / yatom

diam / bising

dinn / dede

kaya / miskin

sikani / ohiani

betul / salah

papa / bɔne

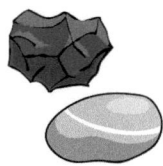

kasar / halus

wewerɛwewerɛ / tromtrom

sedih / gembira

awerehoɔ / anigye

pendek / panjang

tiatia / tentene

lambat / laju

brɛoo / ntɛm

basah / kering

afɔ / awo

panas / sejuk

ɛyɛ hye / adwo

berperang / berdamai

ntɔkwa / asomdwoe

berlawanan - abirabɔ

nombor
nɔma

0
sifar
ohunu

1
satu
baako

2
dua
mmienu

3
tiga
mmiensa

4
empat
nan

5
lima
num

6
enam
nsia

7
tujuh
nson

8
lapan
nwɔtwe

9
sembilan
nkron

10
sepuluh
du

11
sebelas
du-baako

12
dua belas
du-mmienu

13
tiga belas
du-mmiensa

14
empat belas
du-nan

15
lima belas
du-num

16
enam belas
du-nsia

17
tujuh belas
du-nson

18
lapan belas
du-nwɔtwe

19
Sembilan belas
du-nkron

20
dua puluh
aduonu

100
ratus
ɔha

1.000
ribu
apem

1.000.000
juta
ɔpepe

bahasa-bahasa
kasa ahodoɔ

Bahasa Inggeris

Brofo kasa

Bahasa Inggeris Amerika

Amerika Brɔfo

Bahasa Cina Mandarin

Chinese Mandarin

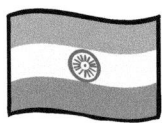

Bahasa Hindi

Hindi

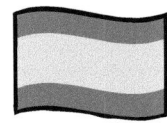

Bahasa Sepanyol

Spanish

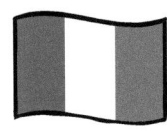

Bahasa Perancis

French

Bahasa Arab

Arabic

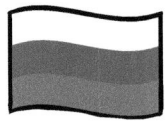

Bahasa Rusia

Russian

Bahasa Portugis

Portuguese

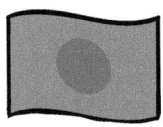

Bahasa Benggali

Bengali

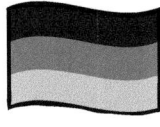

Bahasa Jerman

German

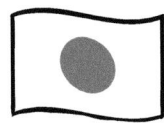

Bahasa Jepun

Japanese

siapa / apa / bagaimana
hwan/aden/ sɛn

saya
me

anda
wo

dia / dia / ia
ɔno

kita
yɛn

anda
wo

mereka
wɔn

siapa?
hwan?

apa?
adɛn?

bagaimana?
sɛn?

di mana?
ɛhefa?

bila?
dabɛn?

nama
din

di mana
hefa

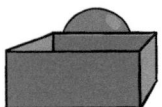

belakang
n'akyi

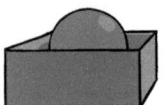

dalam
ɛmu

di hadapan
wɔ n'anim

lebih
soro

pada
so

di bawah
asee

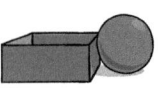

bersebelahan
nkyene

antara
ntam

tempat
fa hyɛ